Bibliografische Information der Deutschen Nationalbibliothek:

Die Deutsche Bibliothek verzeichnet diese Publikation in der Deutschen National-
bibliografie; detaillierte bibliografische Daten sind im Internet über http://dnb.d-
nb.de/ abrufbar.

Impressum:

Copyright © 2013 GRIN Verlag, Open Publishing GmbH
Druck und Bindung: Books on Demand GmbH, Norderstedt Germany
ISBN: 9783668417472

Dieses Buch bei GRIN:

http://www.grin.com/de/e-book/355515/bildungswissenschaftler-eine-praesentation-
um-einen-kongress-zu-planen

Sonja Meerkamp

Bildungswissenschaftler. Eine Präsentation um einen Kongress zu planen und halten

GRIN Verlag

GRIN - Your knowledge has value

Der GRIN Verlag publiziert seit 1998 wissenschaftliche Arbeiten von Studenten, Hochschullehrern und anderen Akademikern als eBook und gedrucktes Buch. Die Verlagswebsite www.grin.com ist die ideale Plattform zur Veröffentlichung von Hausarbeiten, Abschlussarbeiten, wissenschaftlichen Aufsätzen, Dissertationen und Fachbüchern.

Besuchen Sie uns im Internet:

http://www.grin.com/

http://www.facebook.com/grincom

http://www.twitter.com/grin_com

Bildungswissenschaftler:

Eine Präsentation für einen Kongress planen und halten

Hausarbeit zum Modul 2B

„Allgemeine Didaktik und Mediendidaktik"

Angefertigt im BA Bildungswissenschaft

an der FernUniversität in Hagen

von

Sonja Meerkamp

Themenstellung am: 20.06.2013

Vorgelegt am: 19.07.2013

Inhaltsverzeichnis

1.Einleitung 4

2.Theoretische Bezüge 5

   2.1.Didaktik und Instructional Design 5

   2.2.ID und Didaktik markante Unterschiede 6

   2.3.Cognitive Load und 4C/ID 6

3.Hierarchische Kompetenzanalyse 7

   3.1.Fertigkeitenhierarchie 7

   3.2.Horizontale und vertikale Ebene einer Fertigkeitenhierarchie 8

   3.3.wiederkehrende und nicht-wiederkehrende Teilfertigkeiten 11

   3.4.Funktion einer Fertigkeitenhierarchie 11

4.Bildung von Aufgabenklassen 11

   4.1.Vereinfachte Annahmen 11

   4.2.Aufgabenklassen 13

5.Entwicklung von Lernaufgaben 14

   5.1.Sequenz von Lernaufgaben in Aufgabenklasse 1 14

   5.2.Sequenzierung 16

   5.3.Primäre und sekundäre Medien 16

6.Prozedurale und unterstützende Informationen 18

   6.1.Unterstützende Information 18

   6.2.Just in Time Information 19

7.Part-task Practice 19

8.Didaktische Szenarien 20

   8.1.Didaktisches Szenario Vorlesung 20

   8.2.Didaktisches Szenario Exkursion 21

9.Fazit 21

Tabellenverzeichnis

Tabelle 1: Vereinfachte Annahmen (Quelle: eigene Darstellung)

Tabelle 2: Aufgabenklassen (Quelle: eigene Darstellung)

Abbildungsverzeichnis

Abbildung 1: Fertigkeitenhierarchie (Quelle: eigene Darstellung)

Abbildung 2: Hauptkomponenten 4C/ID Modell (Quelle: van Merriënboer, Clark & de Croock 2002)

1.Einleitung

Das Studium der Bildungswissenschaft eröffnet den Absolventen die unterschiedlichsten Möglichkeiten der Erwerbstätigkeit. Neben allgemeiner Erwachsenenbildung, Familienbildung und beruflicher Weiterbildung finden Bildungswissenschaftler auch in der Personalentwicklung und in Wissenschaft und Forschung differenzierte Arbeitsfelder (Grunert, 2011). Im Studium erworbenes, theoretisches Wissen soll in die breit gefächerte Praxis umgesetzt und angewendet werden. Dabei genügt es nicht mehr, auf einmal Gelerntes zurückzugreifen, um sich in Beruf und alltäglichen Leben zurechtzufinden.

Die komplexen und sich ständig wandelnden gesellschaftlichen und technologischen Anforderungen haben van Merriënboer dazu veranlasst auf diesem Gebiet zu forschen. Als Ergebnis dieser Bemühungen publizierte er 1997 sein mehrfach ausgezeichnetes Buch *„Training Complex Cognitiv Skills"*. Die Kernaussage dieses Buches ist, dass Instructional Design Programme zum Erlernen komplexer Fertigkeiten auf vier miteinander in Wechselbeziehung stehenden Komponenten basieren: learning tasks, supportive information, procedural information and part- task practice (van Merriënboer & Kirschner, 2010).

In der vorliegenden Arbeit wird der Frage nachgegangen, ob ein Blueprint nach dem 4C/ID Modell (Four-Component Instructional Design), geeignet ist, um die komplexe Fähigkeit zu schulen, als Bildungswissenschaftler eine Präsentation auf einem Kongress zu planen und zu halten. Es wird dabei von der Voraussetzung ausgegangen, dass die zu schulenden Personen als wissenschaftliche Mitarbeiter im Forschungsgebiet „Lebenslanges Lernen" an einer deutschen Universität tätig sind und erstmals mit einer eigenen wissenschaftlichen Präsentation an einem nationalen Kongress teilnehmen. Der Schulungsentwurf verläuft dabei entlang der vier Hauptkomponenten des Modells und orientiert sich an den Vorgaben des Entwicklers. Im einführenden ersten Teil der Arbeit wird am Konzept der Pfadabhängigkeit erläutert, wieso sich Instructional Design (im folgenden mit ID abgekürzt) bisher im deutschsprachigen Raum wenig etablieren konnte und es werden die zentralen Unterschiede zur Didaktik thematisiert. Es folgt eine Einführung in die Cognitive Load Theory und deren Bezüge zum hier vorgestellten 4C/ID Modell. Im Hauptteil wird für die komplexe Kompetenz *„Eine Präsentation für einen Kongress planen und halten"* ein Blueprint nach den Vorgaben des 4C/ID entwickelt. Neben der hierarchischen Kompetenzanalyse werden vier vereinfachte Annahmen identifiziert, die der Entwicklung dreier Aufgabenklassen dienen. Beispielhaft erfolgt die Ausarbeitung einer Sequenz von Lernaufgaben für die erste Aufgabenklasse. Für jeweils zwei der in der Hierarchie identifizierten Teilfertigkeiten werden unterstützende und prozedurale (Just-in-Time) Informationen konzipiert und ausführlich erläutert. In Kapitel sieben findet sich ein Beispiel für Part-task Practice, in Kapitel acht der Versuch, Lernaufgaben sowie Just-in-time Informationen in die Mediendidaktischen Szenarien *Vorlesung* und *Exkursion* einzubinden. Im abschließenden Fazit wird noch einmal auf die gesamte Entwicklung des Schulungsentwurfes eingegangen und erläutert, inwiefern sich gerade das 4C/ID Modell eignet, um die oben genannte komplexe Fertigkeit zu schulen.

2.Theoretische Bezüge

2.1.Didaktik und Instructional Design

Didaktik hat sich über mehr als 250 Jahre aus verschiedenen erziehungswissenschaftlichen Positionen und ausgehend von unterschiedlichen wissenschaftstheoretischen Grundlagen im deutschsprachigen Raum entwickelt (Jank & Meyer, 1991). Dabei entstanden eine Vielzahl didaktischer Modelle, die im Kern alle auf menschliche Lehr- Lernprozesse abzielen.

Unabhängig davon und deutlich später hat sich dagegen im nordamerikanischen Raum, sowie später in Finnland und den Niederlanden der Ansatz des ID entwickelt. Zwar beziehen sich auch ID Modelle auf Lehr- Lernprozesse, nehmen ihren Ausgang jedoch unter anderem in der Kognitionspsychologie (Bastiaens, Deimann, Schrader, & Orth, 2013). Dass sich beide Ansätze bis heute weiterhin wenig gegenseitig beeinflussen und in der jeweils anderen Literatur nicht oder doch selten Erwähnung finden, soll hier mit einem Begriff aus der Technikgenese, der Pfadabhängigkeit, illustriert werden.

Neue technische Entwicklungen erfordern Entscheidungen für oder auch gegen bestimmte Alternativen. Mit der Wahl eines bestimmten Pfades werden weitere Handlungsmöglichkeiten festgelegt, andere dagegen ausgeschlossen. Zukünftige Weiterentwicklungen hängen daher in besonderem Maße von einer in der Gegenwart oder Vergangenheit getroffenen Pfadentscheidung ab (Klebe, 2013). Die Entwicklung sowohl der didaktischen als auch der ID Modelle folgt ebenfalls dieser Logik. Sie ist eng verknüpft mit den Epochen und den kulturellen Gegebenheiten ihrer Entstehung.

Didaktik hat sich als Teil des Lehramtsstudiums an den Hochschulen etabliert, ist verpflichtender Bestandteil der Lehrerprüfung und blickt auf eine lange Lehrbuchtradition zurück. Im Sinne der Pfadabhängigkeit könnte man hier von „Locked-In" sprechen, einem stabilen Stadium, in dem Veränderungen aus ökonomischer und logistischer Sicht im Vergleich zum zu erwartenden Nutzen wenig sinnvoll erscheinen (Klebe, 2013).

2.2. ID und Didaktik markante Unterschiede

ID und Didaktik beziehen sich zwar auf den gleichen Gegenstand, menschliche Lehr-Lernprozesse, weisen allerdings einige, hier zu erläuternde Unterschiede auf. Während Didaktik eng mit der Schulgeschichte verbunden ist und als Wissenschaft für die Unterrichtsplanung entstand, liegt der Ursprung des ID in der militärischen Ausbildung für US-Amerikanische Soldaten und geht auf die Arbeiten von Gagné zurück (Bastiaens et al., 2013). Didaktik schließt zwar außerschulische Lehr- Lernprozesse grundsätzlich in seine Theorie ein, findet sich aber vorwiegend im Kontext von Schule und Hochschule, seltener in der Weiterbildung. (Seel, 1999).

Der für diese Arbeit wichtigste Unterschied liegt jedoch in den unterschiedlichen Perspektiven auf den Lehr- Lernprozess. Didaktik beschäftigt sich primär mit der Person des Lehrers und zielt auf dessen Handlungskompetenz ab. ID dagegen stellt die Frage nach der am besten geeigneten Lernumgebung in den Vordergrund, die nach Gagné je nach Kontext sehr unterschiedlich beantwortet werden muss (Bastiaens et al., 2013). Die Gestaltung authentischer Lernaufgaben und die dafür wichtigen lernpsychologischen Annahmen und Forschungsergebnisse bilden das Grundgerüst neuerer ID Modelle. Dazu zählt auch das 4C/ID Modell, welches van Merriënboer (van Merriënboer & Kirschner, 2010) als ganzheitlichen Instruktionsansatz verstanden wissen will.

Es baut im Wesentlichen auf den Erkenntnissen der Cognitive Load Theory auf, worauf im Folgen näher eingegangen wird.

2.3. Cognitive Load und 4C/ID

Die Cognitive Load Theory wurde von John Sweller und Paul Chandler (Chandler & Sweller, 1991) entwickelt, und beruht auf Forschungen im Bereich der Kognitionspsychologie zu Aufbau und Funktion des menschlichen Gedächtnisses. Sweller und Chandler gehen davon aus, dass die Berücksichtigung eines begrenzten Arbeitsgedächtnisses bei der Entwicklung von Lernaufgaben und Lernumgebungen elementar ist (Kirchner, Kirchner, & Femke Pass, 2009). Komplexe Lernaufgaben und viele neu zu verarbeitende Informationen in kurzer Zeit bergen das Risiko, den Lerner zu überfordern (Cognitive overload). Van Merriënboer et al. (van Merriënboer & Kirschner, 2010) versuchen genau diese Überlastung durch unterschiedliche Methoden zu reduzieren und beziehen sich dabei explizit auf die Erkenntnisse aus der Cognitive Load Theory. So werden die Lernaufgaben zu Beginn einer Aufgabenklasse unter vereinfachten Annahmen und mit viel Unterstützung durchgeführt. Die Aufgabenklassen folgen dem Schema einfach (in der ersten Aufgabenklasse), bis komplex (in der letzten Aufgabenklasse).

Unterstützende Informationen benötigen eine hohe Speicherkapazität im Arbeitsgedächtnis. Daher werden sie im 4C/ID Modell nicht während der Bearbeitung der Lernaufgaben zur Verfügung gestellt, sondern bereits im Vorfeld. Damit wird gewährleistet, dass der Lernende wichtige kognitive Schemata bereits aufgebaut hat, und das Arbeitsgedächtnis nicht überlastet wird (Kirchner et al., 2009). Auch die Unterstützung selbst, die der Lernende während der Bearbeitung erhält, die sogenannte *Just-in-time Information*, im folgenden mit JIT abgekürzt, folgt der Cognitive Load Theory. Zu Beginn jeder Aufgabenklasse ist die Hilfe noch umfangreich und nimmt im Sinne des „Scaffolding" immer weiter ab. Wichtig ist dabei, dass die Unterstützung vollkommen in die Lernaufgabe integriert wird, um vor allem denjenigen Lernern die Aufgabe zu erleichtern, die noch nicht selbständig in der Lage sind, auf Handbücher oder ähnliches zurückzugreifen (van Merrienboer, Kirschner, & Kester, 2003).

Das 4C/ID Modell berücksichtigt neben der Cognitive Load Theory noch weitere lerntheoretische Ansätze, wobei die Theorie der kognitiven Belastung wohl die wichtigste für das Verständniss ganzheitlicher Instruktionsmodelle ist (van Merrienboer et al., 2003).

3.Hierarchische Kompetenzanalyse

3.1.Fertigkeitenhierarchie

Die Fertigkeitenhierarchie ist das Herzstück des 4C/ID Modells. Erst nachdem ein Instructianal Designer gemeinsam mit einem Experten die zu schulende Kompetenz genau analysiert und in ihre Teilkompetenzen aufgegliedert hat, kann der Schulungsentwurf sinnvoll und umfassend geplant werden. Abbildung 1 zeigt eine exemplarische Fertigkeitenhierarchie für die komplexe Kompetenz :

„Als Bildungswissenschaftler eine Präsentation für einen Kongress planen und halten".

Um eine Kompetenzanalyse durchzuführen, müssen zunächst einige Begriffe für die hier vorliegende Arbeit näher erläutert werden.

Wissenschaftliche Kongresse (Konferenzen) dienen meist dem Austausch neuer Forschungsergebnisse. Junge Forscher können hier Kontakte knüpfen und erste Erfahrungen austauschen. Sie präsentieren nicht nur ihre Forschungsergebnisse, sondern auch sich selbst als Person (Hey, 2011).

Wenn hier von Präsentation gesprochen wird, dann ist damit die wissenschaftliche Präsentation gemeint, die im Aufbau und ihrer Zielsetzung anderen Regeln folgt, als Präsentationen in der freien Wirtschaft. Dabei lebt eine gelungene Präsentation, im Gegensatz zur reinen wissenschaftlichen Publikation nicht nur von ihrem Inhalt, sondern auch und gerade von den rhetorischen Fähigkeiten des Referenten (Lobin, 2012).

Bei der Erstellung der Hierarchie wurde davon ausgegangen, dass die zu schulenden Bildungswissenschaftler erstmals an einem nationalen deutschsprachigen Kongress teilnehmen, jedoch bereits eigene Forschungen betrieben und einzelne Fachartikel veröffentlicht haben. Sie sind also mit den allgemeinen Regeln des wissenschaftlichen Arbeitens (Literaturrecherche, Zitationsvorgaben, etc.) vertraut.

3.2. Horizontale und vertikale Ebene einer Fertigkeitenhierarchie

Die mit Hilfe des hier beispielhaft entwickelten Schulungsentwurfs zu erlernende Gesamtkompetenz: "*Als Bildungswissenschaftler eine Präsentation für einen Kongress planen und halten*", ist der Ausgangspunkt für die Erstellung der Hierarchie. Hieraus werden diejenigen Teilfertigkeiten identifiziert, die notwendig sind, um die Gesamtkompetenz zu beherrschen (van Merriënboer & Kirschner, 2010). In der horizontalen Ebene befinden sich, unterhalb der Gesamtkompetenz, Teilfertigkeiten, die nacheinander, also in temporärer Abfolge ausgeführt werden. Die horizontale Ebene wird von links nach rechts gelesen und bezieht sich auf die zeitliche Dimension der zu erlernenden Kompetenzen. Im Beispiel von Abbildung 1 muss zuerst ein Manuskript erstellt werden, bevor die eigentliche Präsentation gestaltet werden kann.

In einigen Fällen ist die temporäre Abfolge austauschbar. So könnte zuerst eine Analyse der Rahmenbedingungen des Kongresses durchgeführt werden, um dann zu entscheiden, ob der Kongress für den eigenen Beitrag und das mit der Teilnahme verfolgte Ziel geeignet ist.

In der vertikalen Ebene finden sich konditionale Relationen. Die jeweils unterste Teilfertigkeit muss dabei zwingend beherrscht werden, um die darüber liegende ausüben zu können. Im Beispiel von Abbildung 1 lässt sich eine Zielgruppe erst analysieren, wenn der Lernende in der Lage ist, aus den Kongressdaten und Teilnehmerlisten sowie dem Gesamtthema die potentiellen Adressaten und Teilnehmer des Kongresses herauszulesen. Die in der Hierarchie höher liegenden Kompetenzen beinhalten damit die darunter liegenden (van Merriënboer & Kirschner, 2010).

Die Erstellung einer hierarchischen Kompetenzanalyse ist relativ zeitaufwendig, verläuft in mehreren Überarbeitungszyklen und wird in der Regel gemeinsam mit einem Experten erarbeitet. Eine vollständige Erfassung aller für die Gesamtkompetenz konstituierenden Teilfertigkeiten ist nicht immer abschließend möglich (van Merriënboer & Kirschner, 2010). Auch die hier vorliegende Hierarchie zeigt nur einen Ausschnitt der Gesamtkompetenz. Nicht erfasst wurde unter anderem die Evaluation der Präsentation sowie die Teilnahme an einem Internationalen Kongress. Auch die Erstellung von Handouts könnte noch als eigene Kompetenz eingefügt werden, sie ist jedoch zum Verständnis des lediglich exemplarisch erarbeiteten Schulungsentwurfs nicht zwingend erforderlich.

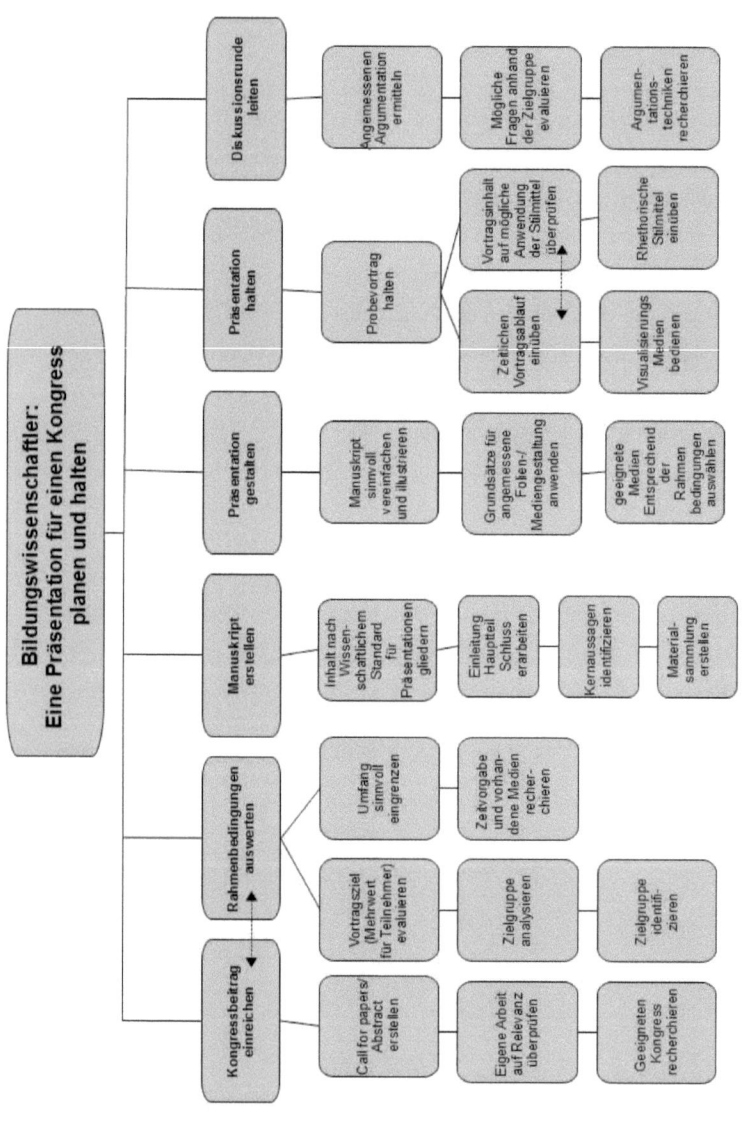

Abbildung 1: Fertigkeitenhierarchie (Quelle: eigene Darstellung)

3.3.wiederkehrende und nicht-wiederkehrende Teilfertigkeiten

Wurden alle Teilfertigkeiten, die zur Ausführung der Gesamtkompetenz erforderlich sind, identifiziert, werden unter diesen wiederkehrende (immer nach den gleichen Regeln und Mustern ablaufende) und nicht-wiederkehrende (auf Problemlösung und Schlussfolgerung basierende, immer unterschiedlich ablaufende) Teilfertigkeiten ermittelt (Bastiaens et al., 2013).

Als Beispiel für eine wiederkehrende Teilfertigkeit kann hier *„Grundprinzipien für eine angemessene Folien/Mediengestaltung beherrschen"* genannt werden. Diese Prinzipien sind, unabhängig von Kongress und dem speziellen Thema, immer gleich und können mit Hilfe einer einfachen Liste abgearbeitet werden.

„Präsentationen halten" dagegen ist eine nicht wiederkehrende Teilfertigkeit, welche sich je nach Kongress, Thema und Teilnehmerzahl ändert und immer neu überdacht werden muss.

3.4.Funktion einer Fertigkeitenhierarchie

Mit Hilfe der hierarchischen Kompetenzanalyse ist es zum einen möglich, diejenigen Teilfertigkeiten zu identifizieren, die geschult werden müssen, um die komplexe Gesamtkompetenz zu beherrschen. Zum anderen werden anhand dieser Teilfertigkeiten vereinfachte Annahmen über die Zielkompetenz ermittelt, welche dazu geeignet sind, die Lernaufgaben einfacher oder schwieriger zu gestalten. Jede zu entwickelnde Lernaufgabe beinhaltet dabei auch in ihrer einfachsten Form schon alle Teilfertigkeiten (Bastiaens et al., 2013). Die Hierarchie dient daher auch als Grundgerüst für die vier vereinfachten Annahmen und drei Aufgabenklassen, welche im nächsten Kapitel herausgearbeitet werden.

4.Bildung von Aufgabenklassen

4.1.Vereinfachte Annahmen

Der Lernende soll bei der Bearbeitung der Lernaufgaben möglichst mit allen für die Gesamtkompetenz konstituierenden Teilfertigkeiten in Berührung kommen. Dabei ist es nach van Merriënboer et al. (2010) wichtig, authentische Lernaufgaben zu konzipieren, welche den Lernenden nicht überfordern. Tabelle 1 zeigt eine mögliche Festlegung vereinfachter Annahmen, die das Planen und Halten einer Präsentation für eine Kongress erleichtern oder erschweren.

Tabelle 1: *Vereinfachte Annahmen (Quelle: eigene Darstellung)*

Zielgruppe	homogene/heterogene Teilnehmergruppe, wenige/viele Teilnehmer, bekannt/unbekannt
Typ Präsentationstechnik	eigene/vom Veranstalter, Test möglich/Test nicht möglich Bedienung selbständig, von Assistenten
Typ Präsentationsziel	eigene Forschungsergebnisse vorstellen, vorgeschlagenes Thema
Typ Vortragslänge	kurz, ausführlich

Die Rahmenbedingungen können schwanken von einem kleinen Fachkongress mit wenigen Teilnehmern aus dem eigenen Fachgebiet, bis hin zu mehrtägigen Großveranstaltungen mit heterogenen Teilnehmergruppen. Je nach Größe der Veranstaltungen können unterschiedliche Medien sinnvoll sein. In kleinen Tagungsräumen und bei kurzen Vorträgen reicht vielleicht schon ein vorbereitetes Flipchart. Eine eigene gut bekannte und vorher erprobte Präsentationstechnik führt zu mehr Sicherheit und Routine als sich auf die Technik des Veranstalters verlassen zu müssen, schlimmstenfalls ohne diese vorher testen zu können. Kongresse dienen häufig dazu, eigene Forschungsergebnisse vorzustellen, um sich selbst als Forscher zu etablieren. In diesem Fall ist der Referent mit der Thematik vertraut und kann auf eigene Materialien zurückgreifen. Aufwendiger ist die Vorbereitung, wenn zu einem vorgegebenen Thema referiert werden soll. Dann ist meist eine zusätzliche Literaturrecherche notwendig, sofern der Bildungswissenschaftler nicht auf eine umfangreiche Materialsammlung zurückgreifen kann. Je länger der Vortrag, desto wichtiger werden Visualisierungstechnik und rhetorische Fähigkeiten des Referenten, um die Zuhörer nicht zu langweilen.

Aus den hier erläuterten vereinfachten Annahmen wurden die Aufgabenklassen in Tabelle 2 zur Entwicklung der Lernaufgaben abgeleitet.

4.2.Aufgabenklassen

Tabelle 2: Aufgabenklassen (Quelle: eigene Darstellung)

Typ	Aufgabenklasse 1	Aufgabenklasse 2	Aufgabenklasse 3
Zielgruppe	Homogene kleine Teilnehmergruppe, bekannt	Homogene große Teilnehmergruppe unbekannt	Heterogene kleine Teilnehmergruppe unbekannt
Präsentations technik	eigene, wird selbst bedient	vom Veranstalter, mit Testmöglichkeit, wird selbst bedient	vom Veranstalter ohne Testmöglichkeit, Assistent bedient
Präsentationsziel	eigene Forschungs- ergebnisse vorstellen	eigene Forschungs- ergebnisse vorstellen	vorgegebenes Thema vorstellen
Vortragslänge	20 Minuten	20 Minuten	45 Minuten

In Aufgabenklasse 3 soll der Lerner für eine von ihm selbständig zu identifizierende heterogene Teilnehmergruppe, bestehend aus Fachkollegen, Berufsschullehrern, Ausbildern und Personalreferenten, eine 45minütige Präsentation zum Thema „Wandel von Qualifikationsstrukturen und Qualifikationsanforderungen" halten. Da er selbst in diesem Bereich bisher wenig Expertise erwerben konnte, ist eine umfangreiche Recherche notwendig. Die vom Veranstalter zur Verfügung gestellten Visualisierungsmedien können vorher nicht getestet werden, ein Assistent übernimmt die Bedienung, so dass während der Präsentation ein spontanes Vor- und Zurückblättern erschwert wird.

Entlang der hier identifizierten und erläuterten Aufgabenklassen erfolgt im nächsten Schritt die Entwicklung der Lernaufgaben.

5.Entwicklung von Lernaufgaben

5.1.Sequenz von Lernaufgaben in Aufgabenklasse 1

Lernaufgaben bilden das Rückgrat im 4C/ID Modell (van Merriënboer & Kirschner, 2010). Sie werden unter vereinfachten Annahmen für die unterschiedlichen Aufgabenklassen entwickelt. Zu Beginn jeder Aufgabenklasse erhält der Lerner noch umfangreiche Unterstützung, die mit jeder weiteren Aufgabe innerhalb einer Aufgabenklasse langsam abnimmt. Diese Kombination aus Unterstützung und deren schrittweise Reduzierung (fading) wird als „scaffolding" bezeichnet (Bastiaens et al., 2013).

Authentische ganzheitliche Probleme bilden den Ausgang für jede neue Aufgabenklasse. Schon zu Beginn der Schulung wird der Lernende mit diesen konfrontiert, um ihm das Erlernen der Gesamtkompetenz und den Transfer in die Praxis zu erleichtern. Für jede Aufgabe werden Ist-Zustand, Soll-Zustand und das Rüstzeug für eine mögliche Lösung klar definiert. Van Merriënboer et al. (Bastiaens et al., 2013) stellen fünf verschiedene Möglichkeiten der Auffgabenstellung dar: Lösungsbeispiel, Immitationsproblem, Vervollständigungsproblem, Zielfreies Problem und Konventionelles Problem. Zur Schulung der hier vorgestellten Kompetenz wird für Aufgabenklasse 1 folgende Sequenz von Lernaufgaben entwickelt.

<u>**Lösungsbeispiel**</u>

Die Lernaufgabe findet unter den Bedingungen der Aufgabenklasse 1 statt. Die Lernenden sollen die Aufgabe dabei nur nachvollziehen.

Ist-Zustand: (gegeben)

Sie nehmen erstmals mit einer eigenen Präsentation an einem wissenschaftlichen Kongress Teil und haben weder in der Vorbereitung noch bei der Planung und Durchführung Erfahrung.

Soll-Zustand: (gegeben)

Sie haben einen ersten Eindruck vom Einreichen eines Kongressbeitrages, wissen, welche Anforderungen an die Form eines wissenschaftlichen Vortrags gestellt werden und haben den Umgang mit der institutseigenen Präsentationstechnik überblickartig erfasst.

Lösung: (gegeben)

Ihr Lehrgebiet plant die Teilnahme an einem Kongress zum Thema „Medieneinsatz in der betrieblichen Bildung". Der Experte erläutert alle notwendigen Schritte, gewährt Ihnen Einblick in die verwendeten Unterlagen, erläutert sein Vorgehen bei der Erarbeitung der Präsentation und lässt Sie beim Probevortrag zusehen. Sie können jederzeit Zwischenfragen stellen.

Vervollständigungsproblem

Die Lernenden müssen einen Teil der Lernaufgabe selbständig ausführen.

Ist-Zustand: (gegeben)

Das Manuskript für einen Vortrag zum Thema „Kosten und Nutzen interaktiver Whiteboards in der innerbetrieblichen Fortbildung" wurde bereits fertig erstellt. Ihnen wird die Aufgabe übertragen, die Präsentation zu erarbeiten.

Soll-Zustand: (gegeben)

Die Präsentation kann vom Experten gehalten werden.

Lösung: (teilweise gegeben)

Erstellen Sie aus dem vorliegenden Manuskript eine in Umfang und Darstellung dem Thema angemessene Präsentation und berücksichtigen sie dabei alle Vorgaben für wissenschaftliches Arbeiten und übersichtliche Foliengestaltung.

Konventionelles Problem:

Die Lernenden führen die komplette Aufgabe selbständig aus.

Ist-Zustand: (gegeben)

Für den Kongressbeitrag „ID in der Innerbetrieblichen Fortbildung" soll eine Präsentation geplant und gehalten werden. Sowohl Vor- als auch Nachbereitung sind noch zu berücksichtigen.

Soll-Zustand: (gegeben)

Die Präsentation wurde gehalten

Lösung:(nicht gegeben)

Planen und halten Sie eine Präsentation zum Thema. Gehen Sie dabei schrittweise nach den Ihnen vorgestellten Regeln vor. Erstellen sie eine Präsentation mit höchstens 10 Folien. Üben Sie gemeinsam die Vorträge. Benutzen Sie nur die Ihnen bekannte institutseigene Technik.

5.2.Sequenzierung

Sowohl bei der Erstellung der Lernaufgaben als auch bei der Erstellung der Aufgabenklassen wird von Sequenzierung gesprochen. Der Begriff bezeichnet jedoch unterschiedliche Prinzipien. Innerhalb der ersten Sequenz von Lernaufgaben bearbeitet der Lernende mehrere authentische Lernaufgaben, die sich im Grad der Unterstützung unterscheiden. Die vereinfachten Annahmen bleiben für jede Lernaufgabe innerhalb einer Aufgabenklasse gleich und beruhen auf der gleichen Wissensbasis. Die Unterstützung ist zunächst umfassend. Der Lerner erhält Einblick in das gesamte Problemfeld und kann jederzeit Zwischenfragen stellen. Die Unterstützung nimmt mit jeder weiteren Lernaufgabe ab, bis schließlich eine Präsentation unter den Bedingungen der Aufgabenklasse 1 selbständig geplant und gehalten werden kann.

Die Aufgabenklassen werden nach dem Sequenzprinzip der vereinfachten Annahmen entwickelt, von einfach bis komplex. Van Merriénboer unterscheidet noch drei weitere Sequenzialisierungen: Sequenzprinzip der Nachdruckmanipulation, Mentale Modelle Progression, Systematisches Problemverfahren, die hier nur der Vollständigkeit halber erwähnt werden. Ihnen ist gemein, dass die Aufgabenklassen von einfach bis schwer gestaffelt sind (van Merriénboer & Kirschner, 2010).

5.3.Primäre und sekundäre Medien

Werden die Lernaufgaben im Kontext einer Präsenzschulung eingebettet, so könnten die Bildungswissenschaftler in einer Projektumgebung für einen fiktiven Kongress eine Präsentation planen und halten. Die Universität stellt dazu ein Büro mit mehreren PC-Arbeitsplätzen zur Verfügung. Die Lernenden müssen im Team zunächst einen geeigneten Kongress, aus bereits stattgefundenen Veranstaltungen evaluieren und exemplarisch den Prozess der Planung und Gestaltung nachvollziehen. Universitätskatalog und Internet stehen für die Literaturrecherche zur Verfügung. Ein Rhetorikseminar wird gemeinsam besucht, unterschiedliche Präsentationsmedien stehen zur Erprobung im Büro bereit, ein Tutor kann während der Bearbeitung befragt werden.

Eine ähnliche Projektumgebung könnte auch im Kontext von E-Learning entwickelt werden. Die Bildungswissenschaftler befinden sich dabei in einer virtuellen Universität. Eine Bibliothek und ein PC stehen zur Verfügung, der Lernende kann sich mit anderen Mitarbeitern unterhalten und Fragen stellen. Zu Beginn jeder Aufgabe erscheint ein virtueller Mitarbeiter, der ihm die Aufgaben erklärt und Hinweise auf Arbeitswerkzeuge innerhalb der virtuellen Umgebung gibt. Ein Aktenschrank mit alten Präsentationen steht zum Nachschlagen zur Verfügung, auch Videosequenzen können angesehen werden. Sowohl die Projektumgebung als auch die Virtuelle Lernumgebung werden im 4C/ID als primäres Medium bezeichnet, in dem die Lernaufgaben eingebettet sind:

In a multimedia learning environment, the primary medium is the medium used to drive the learning process. In the Ten Steps, the primary medium is always a real or simulate task environment in which the learning tasks can be performed

(van Merriënboer & Kirschner, 2010, S. 288).

Sekundäre Medien (Lehrbücher, Filme, online- Tutorien oder ähnliches) werden für die unter Punkt 6 und 7 zu entwickelnden weiteren Hauptkomponenten des 4C/ID Modells eingesetzt. Abbildung 2 zeigt die im folgenden zu erläuterten

Komponenten.

Learning tasks
- concrete, authentic whole-task experiences
- organized in simple-to-complex task classes, i.e.,
categories of equivalent learning tasks
- learning tasks within the same task class start with
high build-in learner support, which disappears at the
end of the task class (i.e., a process of "scaffolding").
- learning tasks within the same task class show high
variability

Part-task practice
- provides additional practice for selected recurrent
constituent skill in order to reach required level of
automaticity
- organized in part-task practice sessions, which are
best intermixed with learning tasks
- snowballing and REP-sequences might be applied for
complex rule sets
- practice items are divergent for all situations that
underlying rules can deal with

Supportive information
- supports the learning and performance of
non-recurrent aspects of learning tasks
- consists of mental models, cognitive strategies and
cognitive feedback
- is specified per task class
- is always available to the learners

JIT information
- prerequisite to the learning and performance of
recurrent aspects of learning tasks or practice items
- consists of information displays, demonstrations and
instances and corrective feedback
- is specified per recurrent constituent skill
- presented when needed and quickly fades away as
learners acquire expertise

Abbildung 2: Hauptkomponenten 4C/ID Modell (Quelle: van Merriënboer, Clark & de Croock 2002)

6.Prozedurale und unterstützende Informationen

6.1.Unterstützende Information

Unterstützende Informationen werden benötigt, um nicht-wiederkehrende Teilfertigkeit ausüben zu können. Experten verfügen innerhalb ihres Arbeitsbereiches über kognitive Schemata (mentale Modelle), die zur Problemlösung unterschiedlicher Aufgabenstellungen genutzt werden (van Merrienboer et al., 2003). Jeder Kongress hat seine eigenen nationalen und fachspezifischen Besonderheiten und Schwerpunkte. Daher lässt sich keine verbindliche Aussage darüber treffen, wie ein *Call for Papers* oder Abstract auszusehen hat. Der Bildungswissenschaftler benötigt Informationen darüber, welche unterschiedlichen Formen es gibt und wie er die zur Erstellung notwendigen Veranstalterhinweise findet und interpretiert. In einer Präsenzschulung könnte dem Lernenden als Medium ein Ordner angeboten werden, der Kongressunterlagen älterer Veranstaltungen enthält, jeweils mit mehreren eingereichten

18

Beiträgen. Abgelehnte Beiträge könnten Kommentare über die Gründe für die Ablehnung und Verbesserungsvorschläge enthalten. Im Kontext von E-learning wäre ein Videofilm denkbar, in dem verschiedene Wissenschaftler ihr Vorgehen erläutern und auf Probleme und den Umgang damit eingehen.

Auch bei der Kompetenz *Vortragsziel (Mehrwert für die Teilnehmer) ermitteln* handelt es sich um eine nicht-wiederkehrende Teilfertigkeit, zu deren Ausführung Mentale Modelle notwendig sind, da jede Teilnehmergruppe, jeder Kongress und vor allem jedes Forschungsvorhaben unterschiedlich ist. Die Unterstützende Information könnte hier ein Experte sein, der seine Vorgehensweisen erläutert und die unterschiedlichen Zielsetzungen in einer Mindmap zusammenfasst. Ähnlich wäre dies auch in einer E-Learning Umgebung vorstellbar, zum Beispiel alsVideosequenz.

6.2.Just in Time Information

JIT Informationen werden während der Aufgabenbearbeitung zur Verfügung gestellt, da die Unterstützung direkt im Arbeitsgedächtnis präsent sein sollte (van Merrienboer et al., 2003). Sie dienen dem Aufbau von Regelwissen und helfen dem Lerner Routinen zu entwickeln (van Merrienboer et al., 2003). Sowohl die Gliederung einer wissenschaftlichen Präsentation als auch die dazu notwendige Foliengestaltung sind Beispiele für Regelwissen und den damit verbundenen wiederkehrenden Teilfertigkeiten. Der Bildungswissenschaftler benötigt die Information, wie er den Inhalt seiner Arbeit gliedern sollte unmittelbar im Arbeitsprozess. In einer Präsenzschulung könnte der Dozent dem Lernenden eine Schemazeichnung vorlegen, anhand derer die Gliederung erstellt werden soll. Die einzelnen Unterpunkte könnten zunächst noch erläutert werden. In einer E-Learning Umgebung wäre die Schemazeichnung über das Handbuch abrufbar, zusätzliche Hilfen könnten durch einen Wizard geliefert werden.

Für die zweite Teilfertigkeit *Grundsätze für angemessene Folien-/Mediengestaltung anwenden* bietet sich ein Arbeitsblatt an, dass jederzeit bei der Aufgabenausführung zur Hilfe genommen werden kann. Dies kann ebenso in eine E-Learning Umgebung integriert werden. Wichtig ist in beiden Fällen ein Feedback für den Lerner, über die korrekte Ausführung der Lernaufgabe.

7.Part-task Practice

Ein entscheidendes Kriterium für einen überzeugenden Vortrag, der einen bleibenden Eindruck hinterlässt, sind die rhetorischen Fähigkeiten des Redners. Deutliche Aussprache,

Betonung, Präsenz und angemessene Pausen sind nur einige rhetorische Stilmittel, welche ein guter Redner beherrschen sollte. Der hier vorgestellte Schulungsentwurf bietet bei der Ausführung der ganzheitlichen Lernaufgaben nicht genügend Möglichkeiten, um diese Redekompetenz ausreichend zu trainieren. In solchen Fällen kann Part-task Practice zum Einsatz kommen, worunter repetierende Übungen verstanden werden, die zur Automatisierung wiederkehrender Teilfertigkeiten auf besonders hohem Niveau notwendig sind (Bastiaens et al., 2013).

Beispiel: Der Lernende arbeitet das Kommunikationstraining „Ich rede, Coaching für Stimme und Persöhnlichkeit" von der Diplomsprecherin und Moderatorin Isabel Garcia (García, 2009) mit den entsprechenden Übungen mehrfach durch, bis er eine umfassende Rede- und Präsentationskompetenz erreicht hat.

Neben der Auswahl eines geeigneten Mediums sollte bei der Erstellung von Lernaufgaben auch berücksichtigt werden, in welchem Didaktischen Szenario die Hauptkomponenten des Schulungsentwurfs einbettet werden. Darauf wird im folgenden Kapitel eingegangen.

8.Didaktische Szenarien

8.1.Didaktisches Szenario Vorlesung

Baumgartner (Baumgartner, 2011) versteht unter einem Didaktischen Szenario die möglichst allgemeine Beschreibung und Umsetzung einer Lernumgebung im Sinne einer Theaterszene. Er schließt dabei ausdrücklich E-Learning in seine Definition ein. Nicht jedes Didaktische Szenario eignet sich gleichermaßen für die Einbettung der hier entwickelten Hauptkomponenten. Dies soll zunächst am Beispiel „Vorlesung" gezeigt werden:

„Hierbei nehmen Lerner als Zuhörer und oder Zuschauer an mündlichen und teilweise durch Medien unterstützende Informationsdarbietung eines Redners teil, um sich Wissen und Wertvorstellung anzueignen" (Flechsing, 1996, S.234, zitiert nach Baumgartner, 2011, S.322).

Eine Vorlesung ist nach der obigen Definition geeignet, um dem Lernenden einen ersten Überblick zu ermöglichen. Der Dozent kann während einer Vorlesungen alle relevanten Punkte für die Planung und Erstellung einer Präsentation darlegen. In Lernaufgabe 1 sind noch keine eigenen praktischen Übungen vorgesehen, lediglich das Nachvollziehen der Gesamtkompetenz. Insofern kann die Lernaufgabe 1 in das didaktische Szenario „Vorlesung" eingebettet werden. In Lernaufgabe 2 und 3 muss der Lernende eine eigenständige Transferleistung erbringen, eine Vorlesung als Didaktisches Szenario ist daher nicht geeignet.

Die hier entwickelte Hauptkomponente „Part -task Praktice" eignet sich nicht als Vorlesung. Da es sich hierbei um das Einüben einer auf Schnelligkeit und Akkuratesse beruhenden Teilfertigkeit handelt (Bastiaens et al., 2013), kann eine Vorlesung lediglich das benötigte Wissen vermitteln, nicht aber die repetierenden Übungen ersetzen.

8.2. Didaktisches Szenario Exkursion

Baumgartner bezieht sich in seinem Buch zwar explizit auf die didaktischen Modelle von Flechsing, definiert jedoch das Didaktische Szenario „Exkursion" differenzierter:

„Lernende eignen sich Wissen, Fähigkeiten und Kompetenzen an, indem sie sich auf Studienfahrt begeben, um aus den bereisten natürlichen Umwelten zu lernen".

(Baumgartner, 2011, S.267)

Das Didaktische Szenario der Exkursion eignet sich sowohl für die Einbettung der oben dargestellten drei Lernaufgaben als auch für Part-task Practice.

Der Lernende kann für die Lernaufgabe „Lösungsbeispiel" einen Experten bei seiner Arbeit begleiten und die notwendigen Teilschritte so in einer realen Umgebung nachvollziehen. Dies ermöglicht es ihm gleichzeitig, unterschiedliche Techniken und Visualisierungsmedien kennenzulernen. Auch ein Blick hinter die Kulissen eines Kongresses ist möglich, steigert das Verständnis für den Gesamtzusammenhang und ermöglicht einen Einblick in die örtlichen Gegebenheiten. Lernaufgabe 2 und 3 können ebenso in eine längere Exkursion eingebettet werden. Für die Part-task Practice Aufgabe eignet sich die Exkursion besonders gut. Die Teilnahme am Training professioneller Sprecher (Moderatoren, Schauspieler, Nachrichtensprecher) wäre hier denkbar. Ein Einblick in deren Trainingsmethoden macht zusätzlich deutlich, dass auch Profis regelmäßig üben müssen, um ihre Redekompetenz zu perfektionieren.

9. Fazit

In der vorliegenden Arbeit wurde der Frage nachgegangen, ob sich das ID Modell von van Merriënboer et al. eignet, um die ganzheitliche Kompetenz *„Als Bildungswissenschaftler, eine Präsentation für einen Kongress planen und halten"* zu schulen. Im theoretischen Teil konnte gezeigt werden, dass die Cognitive Load Theory als Bezugsrahmen für das Modell dient. Es wurde deutlich, wie ganzheitliche Lernaufgaben strukturiert sein müssen, um beim Lerner nicht zur kognitiven Überlastung zu führen. Mit dem hier entwickelten Blueprint wurde versucht, diese Aspekte umzusetzen. In der Hierarchie erfolgte die Aufschlüsselung der Gesamtkompetenz in ihre notwendigen Teilfertigkeiten, welche sowohl bei der Identifizierung der Aufgabenklassen, als auch bei der Aufgabenkonzipierung berücksichtigt werden müssen. Die Erstellung der Hierarchie erwies sich als komplexer Prozess, der eine mehrfache Überarbeitung notwendig werden ließ. Mit zunehmender Vertiefung in die zu erlernende Kompetenz und die zu schulende Berufsgruppe traten immer neue differenziertere Teilfertigkeiten in den Fokus, wodurch Einschränkungen notwendig wurden. Diese Einschränkungen ermöglichten es, für die Gesamtkompetenz die vier Hauptkomponenten schlüssig darzustellen. Wie gezeigt wurde, eignet sich nicht jedes Didaktische Szenario für die Einbindung dieser Hauptkomponenten, was dem Anspruch von Gagné entspricht, dass es nicht die eine Lehrumgebung für alle Lernfelder gibt (Bastiaens et al., 2013). Instruktionsmaßnahmen planen und gestalten beschränkt sich jedoch nicht nur auf die Entwicklung eines Blueprints. Für die klassischen Instructional System Design Modelle (ISD) unterscheidet man in der Regel fünf Phasen: Analyse, Design, Development, Implementation und Evaluation. Dies wird ganz allgemein als ADDIE-Schema bezeichnet (Bastiaens et al., 2013). Da die Ten Steps sich lediglich auf die ersten beiden Phasen dieses Schemas beziehen, ist es notwendig, für die übrigen Komponenten auf andere ISD Modelle zurückzugreifen, zum Beispiel für die Entwicklung von Lernmaterialien, für die Evaluation des Schulungsentwurfs oder die Implementierung der Lernumgebung (Kirchner & van Merrienboer, 2008).

Der entwickelte Blueprint ist, wie oben dargestellt, eine Möglichkeit, um die Kompetenz „Eine Präsentation für einen Kongress planen und halten" zu schulen. Das sichere Auftreten während einer Präsentation und eine ansprechende, wissenschaftlich angemessene Gestaltung gelingen nicht ohne ausreichende Übung. Ob ein Institut oder eine Universität bereit sind, eine umfassende Unterstützung für einige wenige Mitarbeiter in Form des dargestellten Blueprints zu realisieren und zu finanzieren bleibt fraglich. Ein externes Schulungsangebot bietet sich jedoch durchaus an.

Abschließend lässt sich feststellen, dass der Einsatz des 4C/ID Modells in vielen komplexen Bereichen dazu dienen kann, authentische Lernaufgaben, entsprechend der zu schulenden

Kompetenz zu entwickeln und damit den wichtigen Transfer von erlernter Theorie in die Praxis zu erleichtern.

Literaturverzeichnis

Bastiaens, T., Deimann, M., Schrader, C., & Orth, C. (2013). *Instructional Design und Medien: Kultur- und Sozialwissenschaften FernUniversität in Hagen*. Hagen.

Baumgartner, P. (2011). *Taxonomie von Unterrichtsmethoden: Ein Plädoyer für didaktische Vielfalt*. Münster: Waxmann.

Chandler, P., & Sweller, J. (1991). Cognitive Load Theory and the Format of Instruction. *Cognition and Instruction, 8*(4), 293–332. doi:10.1207/s1532690xci0804_2

Flechsing, K.-H. (1996). *Kleines Handbuch didaktischer Modelle*.Eichenzell: Neuland.

García, I. (2009). *Ich rede: Coaching für Stimme und Persönlichkeit ; Kommunikationsfallen und wie man sie umgeht*. Leipzig: Sessel Records & Books.

Grunert, C. (2011). *Arbeits- und Berufsfelder für Bildungswissenschaftler und -wissenschaftlerinnen: Kultur- und Sozialwissenschaften FernUniversität in Hagen*. Hagen.

Hey, B. (2011). *Präsentieren in Wissenschaft und Forschung*. Berlin [u.a.]: Springer.

Jank, W., & Meyer, H. (1991). *Didaktische Modelle* (1. Aufl.). Frankfurt am Main: Cornelsen Scriptor.

Kirchner, P. A., Kirchner, & Femke Pass, F. (2009). Cognitiv load theory. In E. M. &. A. L. H. Anderman (Ed.), *Psychologie of classroom learning. An encyclopeia* (pp. 205–209). Detroit. Retrieved from http://hdl.handle.net/1820/2328

Kirchner, P., & van Merrienboer, J. J. (2008). Ten Steps To Complex Learning: A New Approach to Instructional Design. In *Good, Thomas L., 21st Century Education: A reference Handbook* (pp. 244–253). Thousand Oaks California: SAGE Publications, Inc.

Klebe, M. (2013). *Didaktik und Technik -technikkritische Aspekte der Mediendidaktik: Kultur und Sozialwissenschaften FernUniversität in Hagen*. Hagen.

Lobin, H. (2012). *Die wissenschaftliche Präsentation: Konzept - Visualisierung - Durchführung* (1. Aufl.). *UTB: Vol. 3770*. Stuttgart: UTB.

Seel, N. M. (1999). Instruktionsdesign: Modelle und Anwendungsgebiete. *Unterrichtswissenschaft Zeitschrift für Lernforschung, 27*(1), 2–11. Retrieved from http://www.pedocs.de/volltexte/2013/7725/

van Merriënboer, J. J. G., & Kirschner, P. A. (2010). *Ten steps to complex learning: A systematic approach to four-component instructional design.* New York [u.a.]: Routledge.

van Merrienboer, J. J. G., Kirschner, P. A., & Kester, L. (2003). Taking the Load Off a Learner's Mind: Instructional Design for Complex Learning. *Educational Psychologist, 38*(1), 5–13. doi:10.1207/S15326985EP3801_2